Dieses Buch gehört:

Pommes & Co.

Rezepte, Tipps und Tricks
für kleine & große Maus-Fans

ZABERT
SANDMANN

Alles Tolle über die Knolle...

...erfährt man in diesem Buch: Wie man sie wäscht, kocht, pellt, backt oder brät. Welche Arten es gibt. Und: Wie leicht und schnell es geht, aus ein paar Kartoffeln knusprige Pommes, ein leckeres Gratin, ein feines Püree und noch vieles mehr zu kochen. Übrigens: Wer noch mehr über die Kartoffel und ihre Geschichte wissen möchte, kann sie sogar in einem Kartoffel-museum auf der dänischen Insel Fünen be-staunen.

Inhalt

Einleitung
S. 4

Drei Kartoffeltypen
S. 6

So kocht man Kartoffeln
S. 8

Rezepte
S. 10

Mein Lieblings-rezept
S. 36

Basteltipps
S. 38

Register
S. 40

Kartoffeln statt Fische

Bis heute streiten sich Belgier und Franzosen, wer die Pommes erfunden hat. Dabei können die Belgier sogar schriftlich belegen, dass die frittierten Kartoffelstäbchen in ihrem Land zum ersten Mal gegessen wurden. In seinem Tagebuch beschreibt ein Vorfahre des belgischen Historikers Jo Gérard im Jahr 1781, wie die Pommes erfunden worden sein könnten: Die ärmeren Einwohner in belgischen Städten lebten von den Fischen, die sie aus den Flüssen angelten. Nur, wovon sollten sie im Winter leben, wenn die Wasserläufe zugefroren waren? Damals gab es in Belgien zum Glück schon Kartoffeln im Überfluss. Also schnitten die Belgier Kartoffeln in die Form kleiner Fische und brieten sie im Fett – wie sie es sonst mit den Fischen machten. Mit ein bisschen Fantasie kann man sich Pommes auch als kleine Fische vorstellen, oder?

Drei Kartoffeltypen

Für jedes Gericht den richtigen Kartoffeltyp

Wer im Gemüsegeschäft oder auf dem Wochenmarkt Kartoffeln kaufen will, hat die Wahl zwischen drei Kochtypen. Die Kartoffeln werden nämlich entsprechend ihrer Kocheigenschaft in fest kochende und mehlig kochende Kartoffeln eingeteilt – und dann gibt's noch die Mischform aus beiden, die vorwiegend fest kochenden Kartoffeln. Die Kocheigenschaft hängt vom Stärkegehalt der Kartoffel ab: Viel Stärke bedeutet zum Beispiel mehlig kochende Kartoffeln. Je nachdem, was man kochen will, muss man sich also für den richtigen Typ entscheiden.

Mehlig kochende Kartoffeln

Für eine cremige Kartoffelsuppe oder einen Kartoffelbrei zum Beispiel eignen sich am besten die mehlig kochenden Kartoffeln (Foto S. 7 unten rechts), die besonders viel Stärke enthalten. Die Stärke sorgt dafür, dass die Kartoffeln nach dem Kochen leicht zerfallen. Daher können sie gut zu Brei zerdrückt oder zu Suppen püriert werden.

Fest kochende Kartoffeln

Für Kartoffelsalat oder für Bratkartoffeln verwendet man dagegen besser die fest kochenden Kartoffeln, auch Salat- oder Speckkartoffeln genannt (Foto S. 7 rechts oben). Sie enthalten weniger Stärke und sind daher nach dem Kochen noch so fest, dass man sie gut in Scheiben schneiden kann.

Vorwiegend fest kochende Kartoffeln

Wem es zu umständlich ist, immer diese beiden Kartoffeltypen im Haus zu haben, sollte am besten vorwiegend fest kochende Kartoffeln kaufen (Foto S. 7 links). Mit ihnen kann man nämlich fast alle Kartoffelgerichte zubereiten. Sehr gut eignen sie sich zum Beispiel für Pommes oder Kartoffelschmarren.

Über 130 Kartoffelsorten

Innerhalb der drei Kochtypen werden die Kartoffeln außerdem in Sorten eingeteilt, je nach ihrem Erntezeitpunkt in frühe, mittelfrühe und späte Sorten. Und jede Sorte gliedert sich wiederum in mehrere Kartoffelarten, botanisch „Varianten" genannt.

Da die Kartoffelzüchter ihre Knollen lieben, geben sie ihnen meist ausgefallene Namen – weibliche natürlich, denn es ist ja *die* Kartoffel. Zum Beispiel ist da die Sieglinde, eine frühe Sorte der fest kochenden Kartoffeln. Oder die Bintje, eine mittelfrühe Sorte der mehlig kochenden Kartoffeln. So kommt es, dass es inzwischen über 130 Kartoffelsorten mit den verschiedensten Namen auf der Welt gibt.

Übrigens...

Kartoffeln sind die besten Sattmacher. Sie machen etwa dreimal so satt wie z. B. Weißbrot, Schokolade oder Käse. Warum? Weil sie Kohlenhydrate enthalten, die langsam verdaut werden und lange satt halten.

So kocht man Kartoffeln

Waschen und putzen!

Zuerst muss man von den Kartoffeln den groben Schmutz – zum Beispiel Staub oder Erde – entfernen. Dazu die Knollen mit einer Gemüsebürste unter fließendem kaltem Wasser kräftig schrubben (siehe rechts). Wenn die Kartoffeln schon etwas älter sind, kommen oft an einigen Stellen weiße Triebe heraus. Die Triebe einfach herauszupfen.

Kartoffeln schälen

Dann heißt es die Kartoffeln schälen – außer Pellkartoffeln, die kommen ungeschält in den Topf! Für Salzkartoffeln mit dem Kartoffelschäler gleichmäßig die braune Schale von den Kartoffeln entfernen (siehe rechts). Schwarze, graue und grüne Stellen großzügig mit dem Messer herausschneiden.

Salzkartoffeln kochen

Für Salzkartoffeln gibt man erst die geschälten und halbierten Kartoffeln in den Topf und dann so viel kaltes Wasser dazu, dass es etwa 1 Zentimeter unter den obersten Kartoffeln steht. Nun das Salz hineingeben, den Deckel auflegen und den Herd ein-

schalten. Wenn das Wasser kocht, die Hitze zurückschalten und den Küchenwecker auf 15 Minuten stellen.

Pellkartoffeln kochen

Für Pellkartoffeln den Topf etwa 3 Zentimeter hoch mit Wasser füllen. Dann das Salz und die ungeschälten Kartoffeln hineingeben. Den Deckel auflegen und die Kartoffeln einmal auf höchster Stufe aufkochen. Wenn das Wasser sprudelt, die Hitze auf mittlere Stufe herunterschalten und den Küchenwecker auf 20 Minuten stellen.

Gartest nicht vergessen!

Etwa 5 Minuten vor Ende der Kochzeit eine oder mehrere Kartoffel(n) mit einer Gabel oder einem Messer einstechen – erst wenn es ganz leicht geht, sind sie gar!

Abgießen und abdämpfen

Sind die Kartoffeln fertig, ein Sieb in das Spülbecken stellen und die Kartoffeln abgießen. Salzkartoffeln zurück in den Topf geben und auf ausgeschalteter Herdplatte 2 Minuten abdämpfen lassen. Pellkartoffeln im Sieb abkühlen lassen und pellen (siehe rechts).

Kartoffeln schälen – so wird's gemacht:

1. Die Kartoffeln unter kaltem Wasser gründlich schrubben.

2. Die Salzkartoffeln vor dem Kochen sorgfältig schälen.

3. Abgekühlte Pellkartoffeln mit Messer und Gabel pellen.

Kartoffelcremesuppe

Für 4 Portionen braucht man:

6–8 mehlig kochende Kartoffeln

3 Möhren • $1/4$ Sellerieknolle

1 große oder 2 kleine Lauchstange(n)

1 Zwiebel (wer mag)

3 EL ÖL

1 Würfel Gemüsebrühe oder

1–2 EL gekörnte Brühe

Salz • Pfeffer

1. Die Kartoffeln unter fließendem kaltem Wasser abbürsten und schälen (siehe S. 9). Die Kartoffeln bis zur Verwendung in einer Schüssel mit kaltem Wasser beiseite stellen. Die Möhren waschen, ebenfalls mit dem Kartoffelschäler schälen und klein schneiden.

2. Das Selleriestück schälen und in kleine Stücke schneiden. Die Lauchstange(n) der Länge nach halbieren, kalt waschen und in Streifen schneiden. Die Zwiebel abziehen, halbieren und in feine Würfel schneiden.

3. Das Öl in einem mittelgroßen Topf auf mittlerer Stufe erhitzen und die Zwiebeln darin andünsten. Die Lauch-,

die Sellerie- und die Möhrenstückchen zu den Zwiebeln geben und etwa 10 Minuten mit andünsten. Den Deckel dabei auf den Topf legen.

4. Danach etwa $1\,1/2$ Liter Wasser zu dem Gemüse in den Topf füllen und die Gemüsebrühe, 1 TL Salz und 1 Prise Pfeffer dazugeben. Die Herdplatte auf die höchste Stufe stellen, bis die Suppe kocht.

5. Währenddessen die Kartoffeln aus dem Wasser nehmen, klein schneiden und zur kochenden Suppe geben. Die Hitze auf mittlere Stufe zurückschalten und die Suppe noch etwa 20 Minuten köcheln lassen. Dabei wieder den Deckel auf den Topf legen.

6. Wenn alle Gemüsestückchen weich gekocht sind, die Suppe mit dem Mixstab gut durchpürieren. Zum Schluss noch einmal probieren, ob die Suppe salzig genug ist!

Und so kann man die Kartoffelcremesuppe verändern:

● Man kann ein paar Wursträdchen (z. B. von Wiener Würstchen) schneiden und sie in die fertige Suppe geben, dann schmeckt sie noch würziger.

● Man kann 3 Brotscheiben in kleine Würfel schneiden. Dann 1 EL Butter in einer Pfanne erhitzen und die Brotwürfel darin anrösten. Die gerösteten Brotwürfel (werden auch Croûtons genannt) über die Suppe streuen.

● Man kann 1 bis 2 EL Crème fraîche oder Sahne unter die Suppe rühren.

● Man kann frisch gehackten Schnittlauch oder gehackte Petersilie über die Suppe streuen.

Übrigens...

Natürlich könnte man das Gemüse auch einfach in die kochende Brühe geben. Doch das Anbraten in Fett bringt der Suppe extra viel Aroma und macht sie schön cremig.

Kräuter-Kartoffel-Püree

Für 4 Portionen braucht man:

750 g mehlig kochende Kartoffeln

Salz

$1/2$ Bund glatte Petersilie

$1/4$ l Milch • 2 EL Butter

1 Msp geriebene Muskatnuss

1. Die Kartoffeln unter fließendem kaltem Wasser abbürsten, schälen (siehe S. 9) und vierteln. Die Kartoffelviertel in einen großen Topf füllen und so viel Wasser dazugießen, dass sie knapp bedeckt sind (siehe S. 9).

2. 1 TL Salz dazugeben und den Deckel auf den Topf legen. Die Kartoffeln auf höchster Stufe zum Kochen bringen, dann auf mittlere Stufe zurückschalten. Die Kartoffeln etwa 10 bis 15 Minuten kochen, bis sie weich sind (Gartest siehe S. 9).

3. Inzwischen die Petersilie waschen, die Blättchen abzupfen und fein hacken. Die weich gekochten Kartoffeln in ein Sieb abgießen und warm halten.

4. Einen zweiten großen Topf mit kaltem Wasser ausspülen (nicht abtrocknen, damit die Milch nicht anbrennt). Die Milch darin auf mittlerer Stufe erhitzen, dabei ab und zu umrühren.

5. Den Milchtopf vom Herd nehmen. Die Kartoffeln portionsweise durch die Kartoffelpresse (siehe S. 33) in die heiße Milch drücken.

6. Die Kartoffelmasse mit einem Schneebesen kräftig durchrühren. Die Butter und nach Belieben noch 1 Prise Salz hinzufügen. Wenn das Püree zu fest ist, noch etwas Milch dazugeben.

7. Zuletzt Muskatnuss und Petersilie darüber streuen. Das Püree nochmals kräftig rühren, bis es ganz locker ist.

● Wer keine Petersilie mag, lässt sie einfach weg. Dann hat man ein reines **Kartoffelpüree**.

Und so kann man ein Kürbis-Kartoffel-Püree kochen:

Nur 500 g Kartoffeln und zusätzlich 250 g Kürbisfleisch (ohne Schale und Kerne!) in Würfel schneiden, jeweils in Salzwasser kochen und abgießen. Die Kartoffeln zusammen mit den Kürbiswürfeln durch die Kartoffelpresse in $1/4$ Liter heiße Milch drücken. Die Kartoffel-Kürbis-Masse wie ab Punkt 6 beschrieben fertig stellen. Statt mit Kräutern mit 1 TL Salz und 1 Prise Pfeffer abschmecken.

Übrigens...

Falls man keine Kartoffelpresse hat, kann man die gekochten Kartoffeln auch in einer großen Schüssel mit einem Kartoffelstampfer zerdrücken. Dann die heiße Milch, die Butter, das Salz und die geriebene Muskatnuss darüber geben und alles mit einem Rührlöffel gut vermischen. Achtung: Am Anfang lieber zu wenig als zu viel Milch nehmen, damit das Püree nicht zu flüssig, sondern schön fest wird.

Paprika-Kartoffel-Salat

 Für 4 Portionen braucht man:

600 g fest kochende Kartoffeln

Salz • $1/2$ Zitrone

300 g Naturjoghurt (2 Becher)

2 TL mittelscharfen Senf

Pfeffer

je 1 grüne und rote Paprikaschote

1. Die Kartoffeln unter fließendem kaltem Wasser abbürsten (siehe S. 9). Etwa 3 Zentimeter hoch Wasser in einen großen Topf geben, 1 TL Salz hinzufügen. Die Kartoffeln hineingeben, den Deckel auf den Topf legen und die Kartoffeln auf höchster Stufe zum Kochen bringen (siehe S. 9).

2. Wenn die Kartoffeln kochen, die Hitze auf mittlere Stufe zurückschalten und den Küchenwecker auf 20 Minuten stellen. Rechtzeitig den Gartest machen (siehe S. 9) und die Kartoffeln nicht zu weich kochen.

3. Inzwischen die Zitrone auspressen. Für die Salatsoße den Joghurt mit dem Zitronensaft, dem Senf, $1/2$ TL Salz und 1 Prise Pfeffer vermischen.

4. Die Paprikaschoten waschen und halbieren. Die Kerne und weißen Innenhäute herausschneiden. Dann quer in etwa $1/2$ Zentimeter breite Streifen schneiden.

5. Die gekochten Kartoffeln in ein Sieb abgießen, kurz abkühlen lassen. Auf eine Gabel spießen und pellen (siehe S. 9).

6. Die geschälten Kartoffeln in feine Scheiben schneiden und in eine große Schüssel geben, dabei darauf achten, dass die Kartoffelscheiben locker aufeinander liegen.

7. Die Paprikastreifen und die Soße zu den Kartoffelscheiben geben und den Salat gründlich vermischen.

8. Den Kartoffelsalat 1 Stunde lang durchziehen lassen. Nicht in den Kühlschrank stellen, das schadet seinem Aroma.

● Dazu schmecken alle Arten von Bratwürstchen und Frikadellen.

Und so kann man den Kartoffelsalat verändern:

- Man kann auch noch gelbe Paprikaschoten in den Salat schneiden.

- Man kann frische Kresse oder andere Kräuter über den Salat streuen.

- Man kann ein hart gekochtes Ei klein schneiden und zum Salat geben.

- Man kann ein paar klein geschnittene Essiggurken untermischen.

Übrigens...

Am besten kocht man Pellkartoffeln im Kartoffeldämpfer. Der besteht aus zwei übereinander stehenden Töpfen. Oben sind die Kartoffeln, unten ist das Wasser. Der Dampf steigt durch Löcher nach oben und kocht die Kartoffeln.

Kartoffel-Zucchini-Taler

Für 4 Portionen braucht man:

5 fest kochende Kartoffeln (500 g)

2 Zucchini (500 g)

2 Eier

4–5 EL Mehl

Salz • Pfeffer

1 Msp geriebene Muskatnuss

1 TL getrockneten Thymian

6 EL Öl zum Braten

1. Die Kartoffeln unter fließendem kaltem Wasser abbürsten und schälen (siehe S. 9). Die Zucchini waschen, die Enden abschneiden und auch mit dem Kartoffelschäler schälen.

2. Die Kartoffeln und die Zucchini mit der Reibe in eine Schüssel reiben.

3. Die Eier einzeln in eine Tasse aufschlagen und über die Kartoffel-Zucchini-Mischung geben. Das Mehl darüber streuen und alles mit dem Rührlöffel gut durchrühren. Mit 1 TL Salz, 1 Prise Pfeffer, der Muskatnuss und dem Thymian würzen.

4. 1 $^1/_2$ EL Öl in einer großen Pfanne auf höchster Stufe erhitzen. Häufchen von je 1 EL Kartoffel-Zucchini-Teig nebeneinander in die Pfanne setzen und zu flachen Talern glatt streichen. Die Hitze auf mittlere Stufe zurückschalten und die Taler etwa 5 Minuten braten.

5. Dann die Taler mit dem Pfannenwender umdrehen und auf der anderen Seite ebenfalls 5 Minuten goldbraun braten. Die fertigen Taler auf einen Teller legen und warm halten oder sofort essen.

6. So fortfahren wie in Punkt 4 und 5 beschrieben, bis der Teig aufgebraucht ist. Dabei die Taler jeweils in 1 $1/2$ EL Öl braten.

Das kann man noch mit den Kartoffel-Zucchini-Talern machen:

● Man kann die Taler auch nur aus Kartoffeln (ohne Thymian) zubereiten, dann hat man **Kartoffelpuffer**.

● Man kann eine **Joghurtsoße** dazu servieren: 1 Becher Naturjoghurt mit 1 EL Zitronensaft, 1 TL Senf, je 1 Prise Salz und Pfeffer und 2 EL gehackten frischen Kräutern verrühren.

Knusperkartoffeln

Für 2 Portionen braucht man:

1/2 Zwiebel • 3 EL Öl

1 kleine Packung tiefgekühlten Spinat (300 g)

1 EL Sahne (oder Crème fraîche)

Salz • Pfeffer

3 fest kochende Kartoffeln (300 g)

2 Eier

1. Die Zwiebelhälfte abziehen und in feine Würfel schneiden. 1/2 EL Öl in einen Topf geben und auf mittlerer Stufe erhitzen. Die Zwiebeln darin leicht andünsten.

2. Dann 2 EL Wasser und den gefrorenen Spinat in den Topf dazugeben. Den Deckel auf den Topf legen. Den Spinat auf niedriger Stufe 15 Minuten dünsten und dabei auftauen. Ab und zu umrühren, damit nichts anbrennt.

3. Wenn der Spinat aufgetaut ist, die Sahne dazugeben und mit je 1 Prise Salz und Pfeffer würzen. Im Topf auf der ausgeschalteten Herdplatte stehen lassen.

4. Inzwischen die Kartoffeln unter fließendem kaltem Wasser abbürsten, schälen (siehe S. 9) und in etwa 2 x 2 Zentimeter kleine Würfel schneiden.

5. 2 EL Öl in einer hohen Schmor-
pfanne (mit Deckel!) auf höchster Stufe
erhitzen. Die Kartoffelwürfel darin anbraten, bis sie von unten her knusprig
sind (siehe rechts).

6. Die Hitze zurückschalten und die
Kartoffelwürfel mit dem Pfannenwender umdrehen. Die Kartoffeln etwa
8 Minuten zugedeckt weiterbraten.
Dabei öfter wenden. Die fertigen Kartoffelwürfel herausnehmen und auf
Küchenpapier abtropfen lassen.

7. Dann $1/2$ EL Öl wieder in der Pfanne
erhitzen. Die Eier vorsichtig nacheinander in eine Tasse aufschlagen, in die
Pfanne geben und als Spiegeleier braten. Mit je 1 Prise Salz und Pfeffer
bestreuen.

8. Zum Servieren auf jeden Teller
Knusperkartoffeln mit einer Portion
Spinat und einem Spiegelei geben.

● Auch **Bratkartoffeln** werden in der
Pfanne gebraten. Dazu nimmt man am
besten schon gekochte Kartoffeln, sie
können auch vom Vortag sein. Einfach
pellen, in $1/2$ Zentimeter dicke Scheiben schneiden und rundum in heißem
Öl in der Pfanne goldbraun braten.

Knusperkartoffeln – so wird's gemacht:

1. Die geschälten Kartoffeln in
kleine Würfel schneiden.

2. Die Kartoffelwürfel auf einer
Seite gut anbraten.

3. Dann mit einem Pfannenwender umdrehen und weiterbraten.

Jumbo Pommes

 **Für 4 Portionen
braucht man:**

1 kg fest kochende Kartoffeln

6 EL Öl • Salz

2 EL getrockneten Rosmarin (wer mag)

1. Den Backofen auf 180 Grad (Umluft 160 Grad) vorheizen.

2. Die Kartoffeln unter fließendem kaltem Wasser abbürsten und schälen (siehe S. 9). Die geschälten Kartoffeln in eine Schüssel mit kaltem Wasser geben, damit sie nicht braun werden.

3. Die Kartoffeln nacheinander der Länge nach halbieren, die Hälften noch einmal längs halbieren.

4. Zwei Backbleche mit je 1 EL Öl bestreichen. Auf jedes Blech 1 bis 2 TL Salz und 1 EL Rosmarin streuen.

5. Die Kartoffelschnitze nebeneinander auf beide Backbleche verteilen (nicht aufeinander, sonst werden sie nicht braun!). Dann mit 1 bis 2 TL Salz bestreuen und mit je 2 EL Öl beträufeln.

6. Die Bleche (mit Topfhandschuhen!) in den Backofen schieben und die Jumbo Pommes etwa 30 Minuten backen (Küchenwecker stellen!), bis sie knusprig braun sind.

7. Mit Topfhandschuhen die Bleche aus dem Backofen nehmen und die Jumbo Pommes sofort servieren – zum Beispiel in einer selbst gebastelten Pommestüte (siehe S. 37).

- Wer keinen Rosmarin mag, lässt ihn einfach weg!
- Zu den Jumbo Pommes kann man Ketchup und Mayonnaise essen.
- Man kann dazu auch einen Kräuterquark servieren.
- Man kann dazu ein Hähnchenschnitzel und grünen Salat essen.

Und so macht man die echten Pommes frites:

Die geschälten Kartoffeln in etwa 1 Zentimeter dicke Stifte schneiden. Zwei Backbleche mit je 1 EL Öl bestreichen und die Pommes gleichmäßig nebeneinander auf den Blechen verteilen. Über jedes Blech 1 bis 2 TL Salz streuen und etwa 2 EL Öl träufeln. Die Pommes etwa 30 Minuten backen.

Übrigens...

Man kann auch **Kümmelkartoffeln** machen. Dafür die Kartoffeln nur waschen und ungeschält halbieren. Mit der flachen Seite auf das mit Öl bestrichene und mit Kümmel und Salz bestreute Blech legen. Über die Kartoffeln noch 2 EL Öl träufeln und die Kartoffeln etwa 25 Minuten backen.

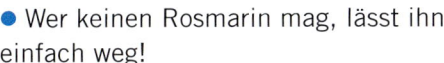

Kartoffelomelett

 **Für 2 Portionen
braucht man:**

3 fest kochende Kartoffeln (300 g)

Salz • $^1/_2$ Zwiebel

$^1/_2$ Bund Schnittlauch

2 EL Öl

3 Eier • 50 ml Milch

Pfeffer

1 Msp geriebene Muskatnuss

1. Die Kartoffeln unter fließendem kaltem Wasser abbürsten (siehe S. 9). Etwa 3 Zentimeter hoch Wasser in einen großen Topf geben, 1 TL Salz hinzufügen. Die Kartoffeln hineingeben, den Deckel auf den Topf legen und die Kartoffeln auf höchster Stufe zum Kochen bringen (siehe S. 9).

2. Wenn die Kartoffeln kochen, die Hitze zurückschalten und die Kartoffeln 20 bis 30 Minuten kochen. Nach 20 Minuten schon einmal den Gartest machen (siehe S. 9).

3. Die Kartoffeln in ein Sieb abgießen. Abkühlen lassen und pellen (siehe S. 9). Auf einem Brett in feine Scheiben schneiden.

4. Die Zwiebel abziehen und in feine Würfel schneiden. Den Schnittlauch waschen, trockenschütteln und in Röllchen schneiden.

5. 2 EL Öl in einer großen Pfanne auf mittlerer Stufe erhitzen und die Zwiebelwürfel darin andünsten, bis sie glasig sind. Die Kartoffelscheiben dazugeben und etwa 5 Minuten mit anbraten. Mit etwas Salz bestreuen.

6. Die Eier in einer Rührschüssel mit der Milch verquirlen. Den Schnittlauch – bis auf 1 EL für die Dekoration – dazurühren. $^1/_2$ TL Salz, den Pfeffer und die Muskatnuss untermischen.

7. Das Eier-Milch-Gemisch gleichmäßig über die Kartoffelscheiben in die Pfanne gießen und 10 Minuten auf mittlerer Stufe stocken lassen.

8. Zum Schluss das Omelett in zwei (oder mehrere) Teile schneiden, auf zwei Teller verteilen und die restlichen Schnittlauchröllchen darüber streuen.

Und das kann man noch mit dem Kartoffelomelett machen:

● Wer will, kann das Omelett auch noch auf der zweiten Seite anbraten: Dafür noch 2 EL Öl in die Pfanne

geben, die Omeletthälften vorsichtig
mit dem Pfannenwender umdrehen und
nochmals etwa 5 Minuten braten.

● Man kann dazu auch Pellkartoffeln
vom Vortag verwenden, dann geht's
schneller.

● Man kann ein **Kartoffel-Wurst-
Omelett** machen: Dafür 250 g Wurst
(z. B. Lyoner oder Wiener) abziehen und
würfeln. Dann mit den Zwiebeln und
den Kartoffelscheiben anbraten.

Übrigens...

„Stocken" sagt man, wenn
etwas fest wird. So wird
zum Beispiel Ei in der
Pfanne fest, weil die Hitze
die Eiweißstoffe verändert:
Das Ei stockt.

Kartoffelmäuse

**Für 4 Kartoffelmäuse
braucht man:**

4 gleich große längliche Kartoffeln

Salz • ½ Salatgurke

4 Radieschen • 1 Möhre

½ Bund Schnittlauch

150 g Kräuterquark • Pfeffer

100 g Gouda (ca. 4 Scheiben)

8 Pfefferkörner für die Pupillen

1. Die Kartoffeln unter fließendem kaltem Wasser gut abbürsten (siehe S. 9). Etwa 3 Zentimeter hoch Wasser in einen großen Topf geben, 1 TL Salz hinzufügen. Die Kartoffeln hineingeben und den Deckel auf den Topf legen.

2. Die Kartoffeln auf höchster Stufe zum Kochen bringen. Wenn sie kochen, auf mittlere Stufe zurückschalten und 15 Minuten kochen. Vorsicht, nicht zu weich kochen! Rechtzeitig den Gartest machen (siehe S. 9).

Super-Maus-Rezept

3. Währenddessen die Gurke, die Radieschen, die Möhre und den Schnittlauch waschen. Die Gurke schälen und in feine Scheiben schneiden. Die Radieschen in kleine Rädchen schneiden, dabei 8 gleich große Rädchen für die Augen beiseite legen. Die Möhre schälen und 8 längliche Scheiben für die Mausohren herausschneiden.

4. Den Kräuterquark in einer kleinen Schüssel mit je 1 Prise Salz und Pfeffer verrühren. Die Goudascheiben längs oder diagonal halbieren.

5. Die fertigen Kartoffeln in ein Sieb abgießen und kurz auskühlen lassen. Dann die Kartoffeln waagrecht teilen. Die 4 unteren Kartoffelhälften auf der gewölbten Seite flach schneiden und auf Teller setzen. Auf der oberen, glatten Seite mit einem Löffel aushöhlen.

6. Etwas Quark in die ausgehöhlten Kartoffelhälften streichen. Darauf die Gurken- und Radieschenscheiben legen. Wieder Quark darauf streichen und mit den Käsescheiben belegen.

7. Die Möhrenscheiben als Ohren vorne in die oberen Kartoffelhälften stecken. Die Radieschenscheiben als Augen mit den Pfefferkörnern als Pupillen auflegen – damit sie halten, zuvor etwas Quark als Klebstoff darauf streichen. Die Schnittlauchhalme als Barthaare und Schwänzchen verwenden. Zum Schluss die oberen Kartoffelhälften auf die unteren setzen.

● Man kann die Mäuse auch aus geschälten Pellkartoffeln machen. Dann erhält man hellere Mäuse.

● Man kann noch Schinkenscheiben auf die Käsescheiben legen.

● Wenn man nur kleine Kartoffeln hat, macht man statt 4 großer einfach 8 kleine Kartoffelmäuse.

Kartoffelgratin

Für 4 Portionen braucht man:

1 kg fest kochende Kartoffeln

3 EL weiche Butter

$^1/_2$ l Milch

Salz • Pfeffer

1 Msp geriebene Muskatnuss

2 TL getrockneten Thymian

150 g geriebenen Hartkäse

(z. B. Emmentaler oder Gouda)

1. Die Kartoffeln unter fließendem kaltem Wasser abbürsten, schälen (siehe S. 9) und in feine Scheiben schneiden oder auf der Küchenreibe hobeln.

2. Den Backofen auf 180 Grad (Umluft 160 Grad) vorheizen.

3. Eine flache, ofenfeste Form mit 1 EL weicher Butter ausstreichen. Die Kartoffelscheiben locker in die Gratinform schichten, am besten wie Dachziegel Reihe für Reihe.

4. Einen Topf kalt ausspülen (nicht abtrocknen, damit die Milch nicht anbrennt). Die Milch auf mittlerer Stufe erhitzen, dabei ab und zu umrühren.

5. Die Milch mit 1 TL Salz und 1 Prise Pfeffer, Muskatnuss und Thymian würzen. Den geriebenen Käse bis auf 2 EL mit dem Schneebesen unter die heiße Milch rühren, bis er geschmolzen ist.

6. Die Milch-Käse-Mischung über die Kartoffeln gießen. Den restlichen Käse darüber streuen. Die restliche Butter in kleinen Stücken darüber verteilen.

7. Das Gratin auf der mittleren Schiene des Backofens (Topfhandschuhe!) etwa 50 bis 60 Minuten (Küchenwecker stellen!) goldbraun backen. Falls die Oberfläche zu schnell braun wird, das Gratin nach 30 Minuten mit Alufolie abdecken.

● Das Kartoffelgratin schmeckt besonders gut mit einem frischen Feldsalat. Es passt auch zu Fleischgerichten.

Und so kann man das Kartoffelgratin verändern:

● Man kann nach etwa 30 Minuten 2 in Scheiben geschnittene Mozzarellakugeln auf das Gratin legen, das gibt eine besonders knusprige Kruste.

● Man kann das Gratin mit Paniermehl (Semmelbröseln) und Butter bestreuen.

● Man kann das Gratin auch ohne Käse und nur mit Milch zubereiten.

Gnocchi mit Tomatensoße

Für 4 Portionen braucht man:

2 Packungen fertige Gnocchi (à 500 g)

Salz • 4 EL geriebenen Parmesan

Für die Tomatensoße:

1 Zwiebel • 2 Tomaten • 3 EL Öl

1 Tetra Pak geschälte Tomaten (500 g)

$1/2$ Gemüsebrühwürfel oder

1 EL gekörnte Brühe

1 TL getrockneten Oregano

$1/2$ TL Paprikapulver • Salz • Pfeffer

1. Für die Tomatensoße die Zwiebel abziehen, halbieren und in feine Würfel schneiden. Die Tomaten waschen und in kleine Würfel schneiden, dabei die Stielansätze herausschneiden.

2. Das Öl in einem mittelgroßen Topf auf mittlerer Stufe erhitzen.

3. Zuerst die Zwiebel-, dann die Tomatenwürfel in den Topf geben und etwa 4 Minuten andünsten. Dann die Tomaten (aus dem Tetra Pak) dazugeben.

4. $1/8$ Liter heißes Wasser in eine Tasse füllen und den Gemüsebrühwürfel oder

die gekörnte Brühe darin auflösen. Die Brühe zu den Tomaten geben. Die Soße mit Oregano, Paprikapulver, $1/2$ TL Salz und 1 Prise Pfeffer würzen.

5. Die Soße auf niedriger Stufe ohne Deckel etwa 20 Minuten köcheln lassen. Ab und zu umrühren, damit am Boden nichts anbrennt.

6. Inzwischen einen großen Topf voll Wasser auf die Herdplatte stellen. 1 bis 2 TL Salz dazugeben und auf höchster Stufe zum Kochen bringen.

7. Die Gnocchi in das kochende Salzwasser geben. Sobald die Gnocchi nach oben steigen (etwa nach 3 bis 4 Minuten), in ein Sieb abgießen.

8. Die Gnocchi in eine große Schüssel füllen. Die Tomatensoße darüber verteilen und den frisch geriebenen Parmesan darüber streuen. Alles etwas vermischen und sofort servieren.

● Man kann auch noch 2 EL Sahne oder Crème fraîche unter die Tomatensoße rühren.

Übrigens...

Was sind denn eigentlich Gnocchi? Wörtlich aus dem Italienischen übersetzt heißen Gnocchi „Nocken" – und das sind sie auch: kleine Nocken aus Weizen- oder Maisgrieß oder aus Kartoffeln, die in Salzwasser gegart werden. Man kann sie entweder pikant mit einer Soße und Käse essen oder auch süß mit Butter, Zimt und Zucker.

Kartoffelschmarren

Für 2 Portionen braucht man:

4–5 gekochte mehlig kochende

Pellkartoffeln (400 g)

1 Ei • 75 g Grieß

100 g Magerquark

Salz

4 EL Öl zum Braten

1. Die gekochten Kartoffeln pellen und mit der Küchenreibe fein in eine Schüssel reiben.

2. Das Ei in eine Tasse aufschlagen, zu den Kartoffeln geben und gut verrühren. Den Grieß und den Quark zum Kartoffel-Ei-Gemisch hinzufügen. Noch $^1/_2$ TL Salz dazugeben, alles zu einem gleichmäßigen Teig mischen und etwa 15 Minuten durchziehen lassen.

3. Das Öl in einer Pfanne auf höchster Stufe erhitzen. Den Kartoffelteig in die Pfanne geben und gleichmäßig verteilen. Die Hitze auf mittlere Stufe zurückschalten und die Kartoffelmasse etwa 10 Minuten braten, bis die untere Seite goldbraun ist.

4. Den Kartoffelschmarren mit dem Pfannenwender umdrehen, dann den Schmarren in kleine Stücke teilen und diese unter weiterem Wenden rundherum goldbraun anbraten. Eventuell noch etwas Öl dazugeben.

Und das kann man zum Kartoffelschmarren essen:

● Man kann den Kartoffelschmarren pikant mit Sauerkraut oder süß mit Kompott und Zimt und Zucker essen.

● Dazu schmeckt auch ein selbst gemachtes **Apfelmus**. Dafür 1 kg Äpfel waschen, vierteln, schälen und entkernen. Die Äpfel in einem Topf mit 4 EL Wasser, dem ausgekratzten Mark von 1 Vanilleschote, 2 EL Zucker und $1/2$ TL Zimt zum Kochen bringen. Dann die Hitze zurückschalten und die Äpfel 15 bis 20 Minuten köcheln lassen. Zum Schluss mit dem Mixstab alles zu einem feinen Mus pürieren.

Übrigens...

Für 4 Portionen einfach die doppelte Menge von allen Zutaten nehmen und den Kartoffelschmarren auf zwei Mal braten. Den bereits fertig gebratenen Schmarren inzwischen im Backofen warm halten.

Kartoffelnudeln

Für 4 Portionen braucht man:

1 kg mehlig kochende Kartoffeln

Salz • 80–100 g Mehl

2 Msp geriebene Muskatnuss

1–2 Eier

Mehl für die Arbeitsfläche

50 g Butterschmalz oder 3–4 EL Öl

1. Die Kartoffeln unter fließendem kaltem Wasser abbürsten (siehe S. 9). Etwa 3 Zentimeter hoch Wasser in einen großen Topf geben, 1 TL Salz hinzufügen. Die Kartoffeln hinein-geben, den Deckel auf den Topf legen und die Kartoffeln auf höchster Stufe zum Kochen bringen (siehe S. 9).

2. Wenn die Kartoffeln kochen, auf mittlere Stufe zurückschalten. Die Kartoffeln etwa 20 Minuten lang weich kochen. Am besten den Kartoffel-Gartest machen (siehe S. 9). Die Kartoffeln in ein Sieb abgießen. Vorsichtig auf eine Gabel spießen und noch warm pellen.

3. Die geschälten Kartoffeln durch die Kartoffelpresse in eine große Schüssel

drücken. Das Mehl, 2 TL Salz und die Muskatnuss dazugeben (siehe rechts).

4. Das erste Ei in eine Tasse aufschlagen und zur Kartoffelmasse geben. Alles mit den (gewaschenen!) Händen gut durchkneten. Nur wenn der Teig sehr fest ist, das zweite Ei darunter kneten. Wenn der Teig an den Händen klebt, noch etwas Mehl unterkneten.

5. Die Hände mit Mehl bestäuben und daumendicke, etwa 10 Zentimeter lange Nudeln formen (siehe rechts). Die fertigen Nudeln auf einem mit Mehl bestreuten Holzbrett auslegen.

6. Butterschmalz oder Öl in einer Pfanne erhitzen und die Kartoffelnudeln nacheinander hineingeben. Mit dem Pfannenwender die Nudeln vorsichtig umdrehen und von allen Seiten knusprig braten.

● Die Kartoffeln müssen noch warm sein, wenn sie durch die Presse gedrückt werden.

● Bereits fertige Kartoffelnudeln im Backofen warm halten.

● Dazu schmeckt besonders gut selbst gemachtes Apfelmus (siehe S. 31).

Kartoffelnudeln – so wird's gemacht:

1. Die geschälten Kartoffeln warm durch die Presse drücken.

2. Aus Kartoffeln, Eiern, Mehl und Salz einen Teig kneten.

3. Etwa daumendicke, 10 Zentimeter lange Nudeln formen.

Kartoffelherzen mit Eis

**Für 4 Portionen
braucht man:**

400 g vorwiegend fest kochende

Kartoffeln • 2 Eier

4 EL Mehl • 3 EL Speisestärke

Salz • Butter für das Waffeleisen

1 Packung tiefgekühlte Himbeeren

(ca. 300 g) • 3 EL Zucker

1 Packung Vanilleeis (500 g)

1. Die Kartoffeln unter fließendem kaltem Wasser abbürsten, schälen (siehe S. 9) und in eine mit Wasser gefüllte Schüssel geben, damit sie nicht braun werden.

2. Eine weitere Schüssel mit Wasser füllen und die geschälten Kartoffeln mit einer feinen Reibe hineinreiben.

3. Das Wasser mit den geriebenen Kartoffeln in ein Sieb abgießen, die Kartoffelraspel gut abtropfen lassen und zusätzlich mit den Händen das Wasser fest aus den Kartoffeln pressen.

4. Die Kartoffelraspel in eine Rührschüssel geben. Die Eier in die Schüssel aufschlagen, das Mehl, die Speisestärke und 1 TL Salz hinzufügen und alles sehr schnell mit dem Rührlöffel zu einem Teig verrühren.

5. Das Waffeleisen geschlossen etwa 10 Minuten auf hohe Temperatur vorheizen, mit Butter ausstreichen.

6. Rasch etwa 5 EL Teig in das Eisen geben und die Waffeln bei mittlerer Temperatur 5 bis 8 Minuten backen, bis sie knusprig braun sind. Eventuell noch etwas Butter während des Backens darauf geben. Auf diese Weise 4 Waffeln backen.

7. Währenddessen die Himbeeren mit 2 EL Wasser und 3 EL Zucker in einen kleinen Topf geben und auf mittlerer Stufe erwärmen.

8. Auf die heißen Kartoffelherzen Vanilleeis und darüber ein paar heiße Himbeeren geben und sofort essen.

● Man kann auch ein Birnen- oder ein Kirschkompott dazu servieren.

Übrigens...

Kartoffeln bestehen zu etwa 18 Prozent aus Stärke, die in den Zellen gelagert ist. Reibt man die Kartoffeln – wie hier für die Kartoffelherzen –, werden viele Zellen zerstört und die Stärke fließt mit dem Zellwasser heraus. Die Stärketeilchen setzen sich im Kartoffelwasser am Boden ab. Aus dieser Kartoffelstärke kann man dann Kleister selbst herstellen (siehe S. 36). Der ist nämlich nichts anderes als eine Paste aus Wasser mit 15 bis 25 Prozent Stärke.

Mein Lieblingsrezept:

....

Die Zutaten:

Und so wird's gemacht:

Basteltipps

1. Geriebene Kartoffeln auf ein sauberes Küchentuch geben, dieses oben zusammenraffen und den Kartoffelsaft fest auspressen.

Kartoffelkleister

Mischt man Kartoffelstärke (im Verhältnis 1:2) mit Wasser und kocht es $1/2$ bis $3/4$ Stunde, erhält man einen prima Klebstoff, der zum Beispiel Papier klebt. Wer Kartoffelherzen backt (siehe Rezept S. 34), kann die Stärke weiterverwenden. Oder man macht Kartoffelpuffer aus den geriebenen Kartoffeln.

2. Den Saft in einer Schüssel auffangen und etwa 1 Stunde stehen lassen, die Stärke setzt sich inzwischen ab.

3. Die Kartoffelflüssigkeit vorsichtig (!) abgießen, am Boden bleibt die Stärke zurück. Mit der doppelten Menge Wasser verrühren.

4. Alles in einen Topf geben und auf mittlerer Stufe (50 bis 60 Grad) in 30 bis 45 Minuten zu einem Kleister eindicken.

Pommestüte

Pommes schmecken am besten frisch gebacken und von der Hand in den Mund. Wer auch auf den Teller verzichten will, kann sich nach dieser Anleitung ganz einfach eine Papiertüte für die Pommes selbst basteln.

1. Ein festes weißes (oder buntes) Papier, z. B. Zeitungs- oder Packpapier, in ein Rechteck von 21 x 19,5 cm schneiden.

2. Das Rechteck diagonal zu einem 19,5 cm breiten Dreieck falten, wobei auf einer Seite ein 1,5 cm breiter Rand übersteht.

3. Den Rand nach innen falten und mit Kartoffelkleister (oder einem anderen Kleber) festkleben.

4. Das unten überstehende Dreieck ebenfalls nach innen umklappen und festkleben. Fertig ist die Pommestüte!

Register

A/B

Apfelmus 31
Bratkartoffeln 19

G

Gnocchi mit Tomatensoße 28
Gratin, Kartoffel- 26

J

Joghurtsoße 17
Jumbo Pommes 20

K

Kartoffel-Wurst-Omelett 23
Kartoffel-Zucchini-Taler 16
Kartoffelcremesuppe 10
Kartoffelgratin 26
Kartoffelherzen mit Eis 34
Kartoffelkleister 38
Kartoffelmäuse 24
Kartoffeln kochen 8/9
Kartoffelnudeln 32
Kartoffelomelett 22
Kartoffelpüree 13
Kartoffelpuffer 17

Kartoffelschmarren 30
Kartoffeltypen 6
Kartoffel-Salat, Paprika- 14
Knusperkartoffeln 18
Kräuter-Kartoffel-Püree 12
Kümmelkartoffeln 21
Kürbis-Kartoffel-Püree 13

O

Omelett, Kartoffel- 22
Omelett, Kartoffel-Wurst- 23

P

Paprika-Kartoffel-Salat 14
Pellkartoffeln 9
Pommes frites 21
Pommes, Jumbo 20
Pommestüte 39
Püree, Kartoffel- 13
Püree, Kräuter-Kartoffel- 12
Püree, Kürbis-Kartoffel- 13

S

Salzkartoffeln 8
Suppe, Kartoffelcreme- 10

Abkürzungsverzeichnis:

EL	= Esslöffel
TL	= Teelöffel
l	= Liter (1000 ml = 1 Liter)
g	= Gramm (1000 g = 1 Kilogramm)
Msp	= Messerspitze

©   Verlag Zabert Sandmann GmbH
München
1. Auflage 2000
ISBN 3-932023-63-3

Rezepte und Texte	Julei M. Habisreutinger
Redaktion	Kathrin Gritschneder, Kathrin Ullerich
Redaktionelle Mitarbeit	Siegmund Grewenig, Jochen A. Rotthaus, Hilla Stadtbäumer
Grafische Gestaltung	Georg Feigl, Thomas Frey, Julia Wurzer
Zeichnungen	Oliver Sütterlin
Coverfoto	FoodPhotography Eising/Susie Eising
Foodfotografie	Karl Newedel (S. 9: StockFood Eising)
Herstellung	Karin Mayer, Peter Karg-Cordes
Lithografie	inteca Media Service GmbH, Rosenheim
Druck/Bindung	Officine Grafiche D^e Agostini, Novara

Besucht uns auch im Internet unter www.zsverlag.de